Inhalt

Ambush-Marketing - Werbung aus dem Hinterhalt

Kernthesen

Beitrag

Fallbeispiele

Weiterführende Literatur

Impressum

GENIOS WirtschaftsWissen Nr. 08/2005 vom 10.08.2005

Ambush-Marketing - Werbung aus dem Hinterhalt

E.Krug

Kernthesen

- Ambush-Marketing ist mittlerweile für Veranstalter von sportlichen Großereignissen und den Sponsoren zu einem wirklichen Problem herangewachsen. (1)
- Im Rahmen der Fußball-WM 2006 versucht sich die Fifa massiv gegen Ambush-Marketing Aktionen zu wehren und die Rechte der Sponsoren zu schützen. (1), (2), (3), (4), (5)
- Man befürchtet in der Branche, dass zu viele Regeln und Restriktionen im Endeffekt

dazu führen, dass die Veranstalter sich in die Abhängigkeit von wenig großen Konzernen begeben. (3)

Beitrag

Bei jedem großen Sport-Event wird aus dem Hinterhalt geworben. Mal mehr und mal weniger. Es handelt sich hier um Ambush-Marketing, sprich Werben aus dem Hinterhalt. Dabei dreht es sich um Werbeaktionen im Rahmen von sportlichen Großereignissen, die auch Nichtsponsoren an der positiven Ausstrahlung des Ereignisses teilhaben lassen.
Brandaktuell ist Ambush-Marketing zurzeit, weil die Fußballweltmeisterschaft naht. (2), (3), (5)

Situation und Problematik

Der Stellenwert des Sports als Werbeplattform ist nach wie vor gigantisch groß und die Sponsorenausgaben steigen weiter an. Kein Wunder also, dass die Unternehmen, die es sich leisten können mit der Fifa einen Sponsorenvertrag abgeschlossen haben, um das Megaereignis der Fußballweltmeisterschaft 2006 in Deutschland

marketingmäßig zu nutzen. Der Preis dafür ist allerdings auch megahoch. Wer es sich also nicht leisten kann, offizieller Sponsor zu werden, aber dennoch von der Werbewirkung dieses Sportereignisses profitieren möchte, der versucht es mit dem Trittbrettfahren. An und für sich ist im WM-Umfeld jede Aktion, die nicht das Marken-, Urheber- oder Wettbewerbsrecht verletzt, durchaus im legalen Bereich. Die Maßnahmen dürfen auf keinen Fall eine Abwertung oder Verunglimpfung des Veranstalters oder eines offiziellen Sponsoren mit sich bringen. Meist allerdings positionieren sich diese Werbeaktionen im nebulösen Bereich des Ambush-Marketings. Oft handelt es sich nur um eine ganz plumpe thematische Imitation, die eine Differenzierung zu den anderen legal Werbenden nicht gewährleistet. (2), (4), (5), (6)
Mittlerweile scheint es in der Branche auch durchaus cool zu sein, aus dem Hinterhalt zu werben. Je raffinierte, desto besser. Es gibt bereits Kongresse, die sich darauf spezialisieren, Ambush-Marketing zu lehren. Dort haben die so genannten Ambusher den Ruf, im Vergleich zu normalen Werbeleuten, besonders smart und schnell zu sein. (1)
Leidtragende sind vor allem die Sponsoren, die unendlich viel Geld ausgeben, dann aber ihrer Exklusivität beraubt werden. Zudem hängt die Finanzierbarkeit eines sportlichen Großevents von den Sponsoren ab. Wird der Werbeeffekt von

Trittbrettfahrern entwertet, so besteht die Gefahr, dass die Unternehmen nicht mehr bereit sind, einen so hohen Preis zu zahlen. (1), (2)
Nicht verwunderlich, dass von offizieller Seite versucht wird, Ambush-Marketing soweit wie möglich einzudämmen.

Maßnahmen gegen Ambush-Marketing

Es kümmern sich bereits 80 Mitarbeiter der Fifa-Marketing um den Verkauf und zunehmend um den Schutz von Werberechten. Außerdem gibt es ein weltweites Schutzprogramm, welches unzählige Juristen und Aufpasser umfasst, die die Ambusher und Werbepiraten abschrecken soll. Zudem hat man das Fernsehen vertraglich verpflichtet, das Vorrecht als Präsentator des WM-Programms, den offiziellen Sponsoren zuzugestehen. (1), (2)
Mittlerweile gibt es auch das Fifa Rights Protection Program. Es handelt sich dabei um einen umfangreichen Katalog von den unterschiedlichsten Maßnahmen, die das Ambush-Marketing erschweren sollen. So werden neben den offiziellen Namen auch sinnverwandte Begriffe und Markenzeichen rechtlich geschützt. (5)
Weitere präventive Maßnahmen belaufen sich auf

eine Schulung der Zollbehörde in jedem WM-Land. Ebenso wird die Zusammenarbeit mit staatlichen Stellen, Staatsanwälten oder Ordnungsämtern vorangetrieben oder auch die Überwachung des Internets. Mit Industrie- und Handelskammern gibt es Informationsveranstaltungen, bei denen jeweils hunderte von Unternehmern darüber informiert werden, was ihnen erlaubt ist und was nicht.
Außerdem soll eine enge Zusammenarbeit mit den WM-Städten präventiv wirken. So darf jede Stadt ein eigenes WM-Logo und WM-Poster präsentieren und bekommt eine Werbebande im Stadion. Dafür soll sie helfen, die Rechte der Sponsoren zu wahren.
Zudem bekommen die Sponsoren Formblätter, auf denen Missbrauchsfälle angezeigt werden können. Zu guter Letzt droht der Verband mit Schadensersatzforderungen oder Haftstrafen. (2), (3), (4)

Gründe für Ambush-Marketing

Nicht nur der Spaß an ungewöhnlichen Werbemethoden oder der Reiz sich am Rande der Legalität zu bewegen, verführt diese Vielzahl von Unternehmen dazu, zu Ambushern zu werden, sondern vielmehr die horrenden Rechtekosten und die Tatsache, dass alle Mitbewerber der Fifa-Partner, wegen der garantierten Branchenexklusivität für viele Jahre von Groß-Events ausgeschlossen werden. Um auch etwas vom großen Werbekuchen abzubekommen oder schlimmer, um nicht unterzugehen, bleibt vielen Wettbewerbern nichts anderes übrig, als aufs Trittbrett aufzuspringen. Allerdings gibt es Möglichkeiten im Rahmen der Legalität zu bleiben. So bieten Beratungsunternehmen für Sportmarketing zu einer rechtlichen Absicherung ihre Dienste für Ambush-Marketing Aktionen an. Es müssen Kampagnen gestartet werden, die die Regeln der Fifa berücksichtigen und dennoch einen Bezug zur Weltmeisterschaft herstellen. Eine Aufgabe, die die Mediaagenturen bereits seit einiger Zeit sehr beschäftigt. (3), (5)

Ambush-Marketing aus Sicht der Konsumenten

So wird Ambush-Marketing von den Unternehmen vielleicht als Rettungsanker oder auch als Herausforderung empfunden, von den legalen Sponsoren und den Veranstaltern als lästige Bedrohung. Wie aber reagieren die Konsumenten, für die dieser enorme Apparat zum Einsatz kommt. Die

Reaktion der Verbraucher ist nicht gerade positiv auf diese schmarotzerische Art der Werbung aus dem Hinterhalt. Ambusher werden vielmehr als negativ und unfair eingestuft. Wahrlich riskant für den Werber, denn falls sein Trittbrettengagement auffliegt ist er fast schon weg vom Fenster, weil dadurch potenzielle Kunden schnell enttäuscht reagieren und deren Kaufabsichten deutlich sinken. Eine Tatsache, die ein Unternehmen auf keinen Fall unberücksichtigt lassen sollte. (3), (5), (6)

Fallbeispiele

Beispiel für eine Klage im Rahmen von Ambush-Marketing

NOK gegen BATDer britische Zigarettenhersteller British American Tobacco (BAT) wird vom Nationalen Olympischen Komitee (NOK) wegen der missbräuchlichen Nutzung olympischer Symbole verklagt.
Es handelt sich dabei um den ersten Prozess dieser Art in Deutschland.

Geführt wird er vor der Zivilkammer beim Landgericht Darmstadt.
Es handelt sich um den klassischen Fall von Ambush-Marketing, da das Unternehmen im Windschatten der olympischen Ringe mitsegelt ohne zu den offiziellen Sponsoren von IOC und NOK zu gehören. (6), (8)

Studie zum Thema: Wirkung von Ambush-Marketing

TU ChemnitzDie TU Chemnitz befragte im Rahmen einer Studie 360 Studenten während der Fußball-EM im letzten Jahr zu ihrer Sponsoring-Wahrnehmung
Ergebnis:
Als einziger nicht offizieller Sponsor belegte Nike mit dem 4. Platz den einzigen Platz unter den ersten fünf am stärksten wahrgenommenen Marken.
Die ersten drei Plätze gingen an die Fifa-Partner McDonalds, Adidas und Coca-Cola. (5)

Rivalisierende Werber im Rahmen der WM 2006, die jetzt schon in

den Startlöchern stehen

Nike gegen Fifa-Sponsor AdidasBurger King gegen McDonalds
Pepsi gegen Coca-Cola
Vodafone gegen Deutsche Telekom (2)

Weiterführende Literatur

(1) Der zähe Kampf gegen die Marketing-Guerrilleros
aus Frankfurter Allgemeine Zeitung, 28.06.2005, Nr. 147, S. 33

(2) Der Wettkampf vor dem Wettkampf
aus Frankfurter Allgemeine Zeitung, 12.03.2005, Nr. 60, S. 13

(3) Um die Mauer zirkeln
aus media & marketing Nr. 05 vom 12.05.2005 Seite 022

(4) Werben im WM-Umfeld: "Plumpe thematische Anlehnungen sind gefährlich."
aus media & marketing Nr. 05 vom 12.05.2005 Seite 025

(5) Werben aus dem Hinterhalt
aus Süddeutsche Zeitung, 26.03.2005, Ausgabe Deutschland, S. 22

(6) Olympisches Ringen Sportmarketing

aus Capital vom 31.03.2005, Seite 39

(7) MARKETING - Die Fifa geht auf die Jagd
aus acquisa, Vol. 53, Heft 05/2005, S. 9

(8) O.V., Sport, FAZ Frankfurter Allgemeine Zeitung, 22.04.2005, S. 37
aus Frankfurter Allgemeine Zeitung, 22.04.2005, Nr. 93, S. 37

Impressum

Ambush-Marketing - Werbung aus dem Hinterhalt

Bibliografische Information der deutschen Nationalbibliothek

Die Deutsche Nationalbibliothek verzeichnet diese Publikation in der deutschen Nationalbibliografie; detaillierte bibliografische Daten sind im Internet über http://dnb.d-nb.de abrufbar.

ISBN: 978-3-7379-0718-7

© 2015 GBI-Genios Deutsche Wirtschaftsdatenbank GmbH, Freischützstraße 96, 81927 München, www.genios.de

Alle Rechte vorbehalten. Dieses Werk ist einschließlich aller seiner Teile – z.B. Texte, Tabellen und Grafiken - urheberrechtlich geschützt. Jede Verwertung außerhalb der Grenzen des Urheberrechtsgesetzes bedarf der vorherigen Zustimmung des Verlags. Dies gilt insbesondere auch für auszugsweise Nachdrucke, fotomechanische Vervielfältigungen (Fotokopie/Mikroskopie), Übersetzungen, Auswertungen durch Datenbanken oder ähnliche Einrichtungen und die Einspeicherung und Verarbeitung in elektronischen Systemen.